NOTES

SUR QUELQUES ARTICLES

DE JOURNAUX.

IMP^e. DE MADAME JEUNEHOMME-CRÉMIÈRE,
RUE HAUTEFEUILLE, n° 20.

NOTES

SUR QUELQUES ARTICLES

DE JOURNAUX;

Par M. BENJAMIN DE CONSTANT.

« Un homme qui aimait fort à parler seul en
« public, commençait naïvement par dire à ceux
« qu'il voulait accabler de son éloquence, *ne me*
« *répondez pas ;* puis venait le monologue le plus
« animé, dans lequel, pour compléter la bisarrerie,
« la forme favorite était l'interrogation.
« *Des Élections prochaines,* page 58. »

PARIS,

PLANCHER, Libraire, Éditeur des *OEuvres de
Voltaire,* en 35 volumes in-12, et du *Manuel des
Braves,* rue Poupée, n° 7;
DELAUNAY Libraire, au Palais-Royal.

—

1817.

AVANT-PROPOS.

~~~~~~~~~~~~~~~~~

PLUSIEURS journaux ont publié des observations sur, ou pour mieux dire, contre quelques pages que j'ai fait paraître il y a peu de jours. Aucun n'a eu la faculté de rien insérer en faveur de mon ouvrage. Je réponds donc par une brochure à des critiques, qui nécessairement seront plus répandues que cette brochure. La lutte est inégale; mais n'importe.

Comme, lorsqu'on est de bonne foi, on aime à convenir des erreurs
~~~~~~~~~~~~~~~~~

qu'on a commises, je commencerai par en reconnaître une dont je suis coupable, et je désire que mon aveu la répare.

Dans ce que j'ai fait imprimer sur les élections, j'ai dit « que l'on pres- « crivait aux écrivains qui atta- « quaient par ordre dans les jour- « naux ceux auxquels il était in- « terdit de se défendre dans les « journaux, la mesure et même la « politesse. » Je confesse franche- ment que ma remarque ne subsiste pas.

Ayant peu de temps, et mes de- voirs d'électeur devant bientôt rem- plir toutes mes heures, je n'essayerai point de soumettre au public une réfutation régulière de ce que les journaux ont publié. D'ailleurs, je voudrais, même en me défendant, parler de moi le moins qu'il sera possible, et répondre seulement aux objections et aux attaques dirigées contre des principes que je crois utile, plus encore que contre moi. En conséquence, et pour abréger, j'extrairai textuellement des journaux les phrases qui me paraissent exiger des éclaircissemens. J'indiquerai le numéro du journal, pour qu'on vérifie que mes citations sont exactes, et je répondrai en note.

NOTES

SUR QUELQUES ARTICLES

DE JOURNAUX.

QUOTIDIENNE,

du 11 septembre.

« PEUT-ON gouverner les peuples et les états,
« sans aucun égard (1) aux souvenirs et aux
« circonstances ? N'a-t-on pas toujours cru

---

(1) Je n'ai jamais dit qu'il fallut gouverner les
peuples sans aucun égard aux souvenirs et aux
circonstances, et qu'il ne fallût pas profiter
du passé, sous prétexte de s'en rendre indé-

« que le véritable homme d'état doit com-
« biner le passé, le présent et l'avenir; qu'il

---

pendant; j'ai, au contraire, beaucoup d'égards
pour les souvenirs, puisque tous mes raisou-
nemens se fondent sur les exemples que la révolution nous a laissés. Je suis bien loin de
dire qu'il ne faut pas profiter du passé, puisque je tire du passé la preuve de ce qu'il ne
faut pas faire dans le présent; mais avoir égard
aux souvenirs, ce n'est pas marcher dans la
route que ces souvenirs nous apprennent avoir
toujours perdu ceux qui l'ont suivie. Il ne faut
pas prendre la routine pour de l'expérience.
Profiter du passé, ce n'est pas imiter le passé
dans ce qu'il a eu de fautif et de funeste. Ce
sont ceux qui agissent ainsi qui n'ont aucun
égard aux souvenirs, et qui ne profitent point
du passé. J'ai dit : les lois d'exception ont été
la ruine de tous les gouvernemens depuis vingt-
huit ans : ne vous servez donc pas des lois
d'exception. On me répond : tous les gouvernemens, depuis vingt-huit ans, se sont servis
des lois d'exception : nous ne voulons pas in-
nover, et nous nous en servirons comme eux.
Que penserait-on d'un pilote à qui l'on mon-

« doit profiter des souvenirs , et maîtriser les
« circonstances? L'homme d'état qui se croi-
« rait indépendant du passé , indépendant du
« présent, ne serait-il pas un fou, dépen-
« dant et très-dépendant de tous les hasards
« de l'avenir ?.... »

« Enfin, en supposant que les hommes qui
« ne veulent compter pour rien les souvenirs
« et les circonstances, aient seuls raison, ont-ils
« pour cela le droit d'affirmer qu'on ne saurait
« être un Français indépendant , lorsqu'on a le
« malheur de ne pas partager leur opinion ?
« Peut-on imaginer quelque chose de plus des-
« potique que d'exclure de la jouissance de
« ses droits politiques, tel ou tel citoyen qu'on

---

trerait l'écueil contre lequel tous ses prédé-
cesseurs se seraient brisés , et qui , par respect
pour l'usage , voudrait aller droit à l'écueil,
et appellerait contempteurs du passé ceux qui
lui crieraient qu'il va s'y briser comme les
autres ; l'homme d'état qui se croirait indépendant du passé serait un fou; mais l'homme
d'état qui ferait ce qui a renversé tous les états,
serait précisément le fou qui se croirait indépendant du passé.

« reconnait ami de la Charte royale, parce
« qu'il est d'une telle nuance d'opinion? (2) »

____

(2) Il n'a jamais été question d'exclure tel
ou tel citoyen de ses droits politiques. Il est
question de savoir de quelle manière chacun se servira de ses droits pour élire des
députés propres à assurer la liberté de la
France, conformément à la Charte qui ga-
rantit cette liberté. J'ignore quel sera le résultat des choix qui sont à faire ; mais une
chose est certaine : tous les suffrages qu'au-
ront les indépendans que je pourrais aussi
nommer constitutionnels (car il n'y a de
constitutionnels que ceux qui veulent qu'une
constitution soit observée), tous ces suffrages,
dis-je, ils ne les devront qu'à eux-mêmes; ils
ne peuvent rien pour les électeurs qui les
nommeront, sinon défendre les principes qu'ils
aiment et les droits dont ils sont fiers; ils ne
peuvent offrir à ces électeurs aucune récom-
pense, s'ils les nomment; leur faire aucun mal,
s'ils ne les nomment pas; leur retirer aucun
avantage, leur ôter aucune place. Ils n'ont ni
agens, ni autorité, ni influence publique ou se-
crète : simples citoyens, c'est à leur vie entière,

à leurs principes, à leur zèle pour la liberté, qu'ils doivent d'avoir été désignés par une masse d'hommes qui n'obéissent qu'à leur propre opinion qui est éclairée, et à leurs intentions qui sont pures ; heureuse correspondance morale qu'établit le gouvernement représentatif entre les citoyens de tous les états, lien de désintéressement et de conscience, qui honore également et les auteurs et les objets d'un tel choix !

ANNALES LITTÉRAIRES,

du 13 septembre.

« C'EST uniquement la crainte des lois d'excep-
« tion qui a déterminé M. de Constant à
« écrire sur les élections et à désigner à ses
« concitoyens les hommes courageux qui
« peuvent nous préserver du malheur des lois
« extrà - constitutionnelles. C'est, selon moi,
« pousser un peu loin la prévoyance. Qui
« donc a révélé à l'auteur que le ministère
« veuille maintenir les actes qui ont tempo-
« rairement modifié la loi fondamentale? (3)

---

(3) Je pourrais répondre que si l'on est
décidé à renoncer aux lois d'exception, l'on
ne doit pas être si fâché contre ceux qui
disent qu'il faut y renoncer, et même ajouter

« Les lois d'exception, dont l'auteur de la
« brochure tire un si grand parti (4), ont été
« un moyen de salut et non d'oppression ;

---

que parmi les motifs de cette renonciation, il
faut compter peut-être l'opinion qui exige
hautement ce sacrifice, et ne pas blâmer ceux
qui se sont rendus les organes de cette opinion ; mais j'aime mieux m'emparer de ce qui
profite à la liberté, et je prends acte de l'es-
pérance que le journaliste nous donne. Il ne
nous l'aurait pas donnée sans l'aveu du ministère, puisque c'est le ministère qui lui permet
de parler. Ainsi, nous n'aurons plus de lois
d'exception ; on ne viendra plus nous parler
de périls douteux, pour nous faire un mal
certain : car, le mal que causent les lois d'exception est indépendant de la manière dont on
les applique ; il est dans le principe même sur
lequel reposent ces lois.

(4) Si j'ai pu en tirer un si grand parti, c'est qu'elles sont odieuses ; on ne tire
parti que de ce qui y prête ; on n'agit sur
l'opinion que lorsqu'on dit ce que l'opinion
pense.

« quelques abus partiels (5) ne suffisent pas
« pour en condamner le motif. Au sortir d'une
« longue maladie, la prostration des forces ne
« nous permet pas d'user tout à coup de la li-

---

(5) *Quelques abus partiels*, c'est toujours
le mot; mais les abus ne sont jamais que
partiels. Quelque despotique que soit un
gouvernement, ce n'est jamais qu'une partie
de la nation qu'il enferme; il faut toujours
qu'une autre partie reste libre, ne fût-ce que
pour enfermer la première. On se fait une fausse
idée quand on parle des abus partiels; on se
représente la société comme d'un côté, et les
individus de l'autre, et l'on croit ne faire à
l'ensemble que le sacrifice de quelque faible
partie; mais chacun à son tour se trouve dans
la partie immolée. La société se divise en une
foule de minorités que l'on opprime succes-
sivement; chacune d'elles, isolée pour être
victime, redevient, par une bisarre métamor-
phose, partie du grand tout pour servir de
prétexte au sacrifice d'une autre minorité; et
l'on offre au peuple en masse l'holocauste du
peuple en détail.

« berté d'agir (6) ; il n'appartient qu'à la di-
« vinité de dire au paralitique, *surge et am-*
« *bula* (7). »

« Otez à l'enfant ses lisières, à l'aveugle
« son conducteur, au convalescent son appui,
» leur chute devient inévitable (8). Il en est

---

(6) Quand il y a prostration de force, il
n'y a pas envie d'agir ; et quand un malade
est hors d'état de marcher, on n'a jamais vu
le médecin le garroter de peur qu'il ne
marche.

(7) Nous sommes donc des paralytiques,
à la bonne heure ; mais, en ce cas, on peut
s'en remettre à la paralysie, pour que nous
restions immobiles, et il est inutile que l'autorité se charge de faire l'office de la paralysie.
On ne lui demande pas de dire à des paralytiques, levez-vous et marchez ; on lui demande
de ne pas dire à des gens qui ont l'usage de
tous leurs membres, couchez-vous et ne marchez pas.

(8) Au milieu de cette profusion de méta-
phores, une crainte me frappe. Depuis
vingt-huit ans on nous élève par des lois d'exception, et nous sommes encore des enfans ;

« de même du corps social ; c'est le terme
« de la convalescence qui indique le terme
« des restrictions (9). »

---

depuis vingt-huit ans on nous éclaire par des
lois d'exception, et nous sommes encore des
aveugles ; depuis vingt-huit ans on nous guérit
par des lois d'exception, et notre convalescence est à peine commencée. Il faut convenir que les moyens curatifs ne sont pas ra-
pides. Mais a-t-on jamais dit à cent mille électeurs, qui vont exercer leurs droits, qu'ils
étaient des paralytiques, des aveugles, des
malades, des enfans ? Quels articles prépara-
toires pour les élections ! Quant au ministère,
qui est le conducteur, l'appui, la lisière, il a
certes un merveilleux privilége ; il n'est pas
composé d'hommes comme nous : car, tandis
que nous sommes toujours à la veille de faire
un énorme abus de la moindre liberté, il est
assuré de ne jamais faire le moindre abus d'un
énorme pouvoir.

(9) Qui est-ce qui jugera de la convalescence ? Le médecin qui gagne à la pro-
longation de la maladie ? J'ai bien peur, en ce

« Il résulte de ce que nous avons dit, que
« tout le système de l'auteur ne repose que
« sur une hypothèse qui est, que le ministère
« étant favorable aux loix d'exceptions, il
« ne convient pas de nommer des hommes
« dévoués à ce même ministère. Mais ad-
« mettez pour l'avenir et même pour le pré-
« sent que le ministère ait reconnu l'inutilité
« des lois d'exceptions..... voilà les éligibles
« connus sous le nom de *ministériels* devenus
« les défenseurs les plus zélés des vrais prin-
« cipes (10).... »

---

cas, qu'il ne soit toujours tendrement inquiet
pour notre santé.

(*Note* 10ᵉ.) » Si l'on nous promet, disais-
» je dans ma brochure, que les adversaires
» des principes deviendront leurs défenseurs,
» le résultat sera donc le même que si nous
» nommions des indépendans? Pourquoi donc
» redouter l'élection de ceux-ci, et forcer les
» autres à sortir de leurs douces habitudes? »

Mais je remarque de plus la plaisante inde-
pendance que le journaliste attribue à ceux
qu'il nomme ministériels. Quand le ministère
aura reconnu l'inutilité des lois d'exception,

« Les indépendans dont il est question dans
« cette brochure, me paraissent une abstrac-
« tion dont il serait difficile de trouver la
« réalité. On ne rencontre pas tous les jours
« et par-tout des hommes qui, pendant toute
« leur vie, aient voulu les mêmes choses....
« En bon et loyal député, je suis disposé à
« donner ma voix à M. Constant qui sans
« doute s'est peint avec fidélité dans ce por-
« trait (11); mais je cherche vainement au-
« tour de moi, pour compléter ma liste
« deux ou trois *indépendans*. Je ne vois que

---

ces hommes ne feront pas violence au ministère pour le forcer à les conserver, c'est-à-
dire, ils défendront les principes quand ces
principes ne seront plus attaqués. Le beau courage! Vraiment le journaliste traite ses proté-
gés trop sévèrement. Quoi! dès que le ministère aura changé d'idées, ils deviendront les
plus zélés défenseurs des idées nouvelles du
ministère! quel zèle méritoire! quelle brillante
indépendance! et quel adroit apologiste!

(11.) Je remercie fort l'écrivain, et s'il
tient parole, je ne lui saurai nullement mau-
vais gré de son article.

« des magistrats , des guerriers et des ad-
« ministrateurs qui ont à la vérité des ver-
« tus , des talens et des lumières , mais qui ,
« par leurs emplois dépendent des minis-
« tères (12), de bons propriétaires dont plu-
« sieurs regrettent tout ou en partie de l'an-
« cien régime (13), et qui n'ont contrecarré
« ouvertement (14) aucun gouvernement ;

---

(12) Le journaliste ne voit pas tout. A côté des magistrats , des guerriers et des admi-nistrateurs qui dépendent des ministres , je vois des commerçans , des manufacturiers , des banquiers et capitalistes qui n'en dépen-dent pas.

(13) Parmi ces propriétaires , les seuls dont le journaliste parle , et qui regrettent l'ancien régime , y aurait il par hasard des ac-quéreurs de biens nationaux ?

(14) D'où vient cet éloge de ceux qui n'ont contre-carré *aucun gouvernement ?* pas même celui de Robespierre ? Serait-ce qu'on aime la soumission implicite ? ou l'éloge porte-t-il sur le mot *ouvertement ?* L'auteur veut-il dire qu'il faut écarter les gens qui ont

« beaucoup de gens enfin, qui pensent que
« la France, depuis trois ans, à été sauvée
« et non opprimée par des mesures tempo-
« raires appropriées à sa situation (15).....

« Que si le ministère est sage, s'il ne fait
« de ses pouvoirs qu'un usage prudent et
« utile, qu'importe que les suffrages se réu-
« nissent sur les citóyens qui sont les partisans
« de sa sagesse (16)? Ces partisans augmen-

---

résisté ; mais qu'on peut admettre les gens qui
ont trahi ?

(15) On ne trouvera nulle part dans ma brochure, que j'aie dit formellement que la nation
a été opprimée ; et je conclus de l'assertion
du journaliste, que je ne veux point contester,
que le ministère ne peut que gagner en ne gê-
nant point les journaux, en n'empêchant point
les gens qu'on attaque de répondre, et en
laissant un libre essor à la reconnaissance publique.

(16) Même remarque que ci-dessus. Les
hommes qui ne sont pas partisans du ministère sont en très-petit nombre : donc la voix
de ce petit nombre ne couvrira pas, même si

« teront en raison des services qu'il aura
« rendus à la chose publique, et leur dé-
« vouement sera un titre plus réel qu'une in-
« dépendance sans objet (17). »

---

elle est libre, le concert unanime d'éloges que
la multitude de ses partisans fera entendre.

(16.) Que veut dire ceci? Le dévouement des partisans de la sagesse du ministère
sera un titre. Un titre à quoi? à être député!
Mais si le dévouement aux ministres est un
titre à être député, pourquoi des députés?
Pourquoi pas des ministres seuls? Les ministres se sont certainement plus dévoués que
personne. Au reste, nous verrons plus loin
dans le *Moniteur* « que si les électeurs veulent
« donner leur confiance à de véritables indé-
« pendans, ils peuvent les chercher et ils le
« trouveront aussi dans les rangs de ceux
« qui suivent la ligne tracée par le gouver-
« nement et le ministère » : je propose de
mettre cette phrase dans le dictionnaire de
l'académie, comme définition du mot indépendant; l'article sera ainsi conçu : *Indépendant, homme qui suit la ligne tracée par le
gouvernement et le ministère.*

JOURNAL DES DÉBATS,

du 14 septembre.

« Quiconque a des intérêts différens des
« intérêts nationaux (18), quiconque peut-
« être légitimement soupçonné de vouloir,
« soit que la révolution rétrograde , soit

(18.) Avoir une place , est-ce un intérêt national ? Garder sa place , est-ce un intérêt national ? Dépendre d'un ministre, est-ce
un intérêt national ? Être ministre, est-ce un
intérêt national ? Ce n'est pas qu'on ne puisse
être un excellent citoyen, en ayant une place,
en voulant la garder, en étant dépendant des
ministres, en étant soi-même ministre. Mais,
si l'on n'est pas propre à être député, quand
on a des intérêts différens des intérêts natio-

« qu'elle se prolonge ou se renouvelle, n'est
« pas propre à être député, et ne convient
« pas à la France. » (19)

---

naux, pourquoi veut-on précisément pour députés ceux qui ont l'intérêt de leurs places,
de la conservation de leurs places, de la faveur du ministère, ou de leur élévation au ministère même. Ce sont là des intérêts différens
desintérêts nationaux.

(*Note* 19ᵉ.) Il y a encore selon moi une
classe d'hommes qui ne seraient pas propres à
être députés et ne conviendraient pas à la
France : ce seraient ceux qui, sans vouloir que
la révolution rétrograde, parce qu'elle les a
tirés d'une position de laquelle ils sont bien
aises d'être sortis, et sans vouloir que la révolution se renouvelle, parce que son renouvellement pourrait leur ôter une situation où
ils sont charmés d'être, voudraient que la révolution ne fût qu'un déplacement d'hommes
et nullement un établissement de principes. Ces
hommes formeraient une cotterie, qui, marchant entre toutes les opinions sur une lame
de couteau, voudraient exploiter la révolution

à leur profit, et faire une Macédoine des abus de l'ancienne monarchie et de ceux du despotisme impérial. Ils seraient impropres à être députés; comme les révolutionnaires, s'il y en a encore, et comme les partisans de l'ancien régime; les révolutionnaires, s'il y en a encore, parce qu'ils ne présenteraient qu'un bouleversement avenir, les partisans de l'ancien régime, parce qu'ils ne représenteraient qu'une chose détruite, et les hommes dont je parle, parce qu'ils ne représenteraient qu'eux-mêmes.

JOURNAL DES DÉBATS,

du 16 septembre.

« IL est encore une troisième classe de pré-
« tendans à l'indépendance dont il faut ri-
« goureusement examiner les titres, je veux
« parler de ces écrivains, qui, du fond de
« leur cabinet régentent les peuples et les
« gouvernemens (21).... N'oublions pas que

---

(21) Pourquoi pas *du haut de leur gre-
nier ?* c'était plus d'accord avec le reste de
la phrase. Que signifie *régenter* les peuples et
les gouvernemens? dire aux peuples ce qu'on
croit leur être utile, dire aux gouvernemens
ce qu'on regarde comme pouvant leur être
funeste : si on se trompe on a tort ; mais si on
ne se trompe pas, on a raison de dire ces

« le talent de bien dire ne suppose pas tou-
« jours la faculté de bien agir ; que la cha-
« leur de tête et la vivacité d'un esprit brillant
« ne sont pas toujours unis à un caractère
« ferme, noble et indépendant ; en un mot,
« que l'écrivain le plus ingénieux et le plus
« habile est quelquefois un député faible et
« même un député infidèle (22).... Il est plus
« dangereux pour un homme d'état de dé-
« pendre de sa vanité que de dépendre de

---

choses, et quand l'intention est pure, la mis-
sion est noble. Certains écrivains commettent
une erreur de dâtes ; il ne sentent pas que le
temps des dédains est passé, que tout ce qui
est vrai est puissant, tout ce qui est utile,
honorable : et que, ni l'épée, ni la *plume*, ni la
demie-aune, c'est-à-dire le courage, la pensée,
ou l'industrie, ne doivent être insultés.

(22) Je ne veux point nier que le talent ne soit quelquefois séparé de l'indépendance. J'aurais trop d'avantages si dans ma
réponse je citais des exemples parmi les hommes qui m'attaquent. J'ai vu des écrivains élé-
gans être des courtisans très-serviles. Cependant
je cherche à me rappeler les noms de ceux qui

« son intérêt (23)....Ignore-t-on combien il
« existe de fonctionnaires qui, possesseurs

---

ont défendu la liberté, et j'y trouve beaucoup
d'écrivains. En me bornant au tribunat seul,
je compte MM. Say, Ganilh, Ginguené, An-
drieux; et moi-même enfin, si j'ose me nommer
Durant la courte durée de mes fonctions dans
cette assemblée, je n'ai jamais parlé qu'en
qu'en faveur des principes. J'ai tenté de mettre
la nation en garde, j'ai annoncé ce qui résul-
terait de la soumission absolue qu'on prêchait
aussi alors comme laver tu d'un bon citoyen;
J'ai reclamé le droit de pétition, comme la
seule ressource du peuple ; j'ai combattu les
tribunaux extraordinaires qui, sous l'éternel
prétexte du salut de l'etat et de la punition des
conspirateurs, étendaient sur la France leur
odieux empire. Je me suis opposé au rétablis-
sement des rentes féodales. Le jour *où* la vic-
toire de Marengo semblait affermir à jamais le
pouvoir qui disposait de nos destinés, j'ai de-
mandé *l'indispensable liberté de la presse*, et
la sûreté des citoyens. Voilà ce que j'ai fait
quand, devenu l'un des derniers organes du
peuples, je me suis senti responsable envers lui

« d'une fortune indépendante , n'ont cherché
« dans les places qu'une occupation hono-
« rable , et un titre à la considération pu-
« blique (24)?.... Lorsqu'autrefois, le roi ap-

---

toutes mes actions et de toutes mes paroles. Je
puis rendre le même témoignage à tous ceux
de mes collégues que j'ai nommés. Nous n'a-
vons point été des députés faibles ni des députés
infidèles.

(23) Je conçois qu'on aime mieux les hommes intéressés que les hommes vains. Pour captiver la vanité , il faut la flatter, ce qui est fati-
gant. Pour captiver l'intérêt , il ne faut que le
payer , ce qui est plus commode et ne rüine
jamais ceux qui payent.

(24) Ces fonctionnaires tiennent donc
à leur place , pour avoir une occupation
honorable et un titre à la considération publique ; mais les ministres peuvent leur oter cette
occupation et ce titre auxquels ils tiennent.
Ils sont donc dans la dépendance des ministres, peu m'importe qu'ils y soient par amour
du salaire ou par amour du titre, tant y a que
les ministres peuvent leur enlever ce qu'ils
ont peur de perdre, or des hommes à qui

« pelait à son conseil d'état les administra-
« trateurs, les magistrats, est-ce qu'ils y gar-
« daient un complaisant silence, vis à vis
« d'un ministre qui proposait de fausses me-
« sures (25)?.... Nous voulons des députés
« indépendans de toute passion contraire au
« bien public; indépendans de tout intérêt
« opposé à l'intérêt national, indépendans
« de tout esprit de système étranger à la
« Charte (26). Voilà la véritable indépen-

---

d'autres peuvent par leur seul volonté, ravir
ce qu'ils veulent conserver, ne son pas des
hommes indépendans.

(25) S'il ignorait que la Chambre des Députés dût être un Conseil d'Etat : pourquoi
donc nous donner la peine de nommer ces
Conseillers d'Etat Députés?

(26) Voilà une très-belle définition de
l'indépendance, et d'autant plus commode,
qu'elle n'engage à rien. On peut juger si un
homme est indépendant par le salaire qu'il
reçoit, ou la place amovible qu'il occupe.
Mais il y a une heureuse obscurité dans ce
qui fait qu'on est dépendant ou indépendant

« dance de l'hommê d'état, et particulière-
« ment du député.... Il faut sans hésitation
« préférer cet homme à tous ceux qui ont
« fait parade d'indépendance et métier de
« servitude (27). »

---

de ses passions, dépendant ou indépendant
de ses systêmes, qui permet à tout le monde de
reclamer l'honneur de l'indépendance.

(27) Métier de servitude. L'écrivain y a-t-il
bien pensé quand il a écrit ce mot? Son zèle n'a-
t-il pas troublé un peu sa mémoire? N'a-t-
il pas tiré sur ces troupes? Soldat maladroit! parmi les hommes qu'il attaque, j'en
vois qui ont été dans les cachots étrangers pen-
dant la convention ; exilés sous le directoire,
dans la retraite sous Bonaparte, et qui ont
voté contre le consulat à vie et contre l'empire. Ceux-là n'ont pas fait métier de servitude. J'en vois qui n'ont approché de nos
gouvernemens que lorsque le besoin de la
France exigeaient des secours qui préservassent
l'état et les particuliers d'une ruine entière,
et qui n'ont eu d'ailleurs ni places ni ap-
pointemens : ceux-là n'ont point fait métier
de servitude. J'en vois qui, après s'être éloi-

N. B. Le défaut de temps m'oblige à ren-
voyer à un autre moment mes observations
sur l'article contenus dans le *Moniteur :* je
rappelerai en attendant à mes lecteur que l'auteur de l'article a été obligé de convenir déjà
d'une erreur, d'autant plus singulière que son
commentaire reposait sur cette erreur, et
qu'il semble avoir prévu dans ses raisonne-
mens la faute d'impression du prote, et j'a-
jouterai que par d'autres fautes d'impression

---

gné quinze ans du maître du monde, ont
trouvé l'Europe armée, et le danger et la dé-
faveur pour contribuer à mettre un terme à
la dictature, et pour rendre à la nation les
organes qu'elle avait perdus, et qui ont, dans
le même instant, publié des opinions aussi
opposées à toute tyrannie que lorsqu'ils étaient
en lutte contre l'autorité ; ceux-là n'ont pas
fait métier de servitude. J'en vois qui n'ont
eu d'autres fonctions que celle d'une bienfai-
sance active et éclairée ; ceux - là n'ont pas
fait métier de servitude. J'en vois d'autres
qui n'ont exercé de profession que celle qui
est l'appui du faible et dont la réputation ra-
pide n'est due qu'à l'union du calme, du

sans doute, la lettre que je lui ai adressée est toute autre dans son journal que je ne l'avais écrite. Il y a des journaux malheureux en fait de fautes d'impression.

---

courage et du talent, d'autres qui ont subi l'exil, d'autres qui l'ont choisi. Tous ceux-là n'ont pas fait métier de servitude ; maintenant je regarde ailleurs et je m'écrie :

Quis tulerit Gracchos de Sidetione que rentes !